L'ÉTOILE BRILLANTE DE MARIE,

OU

LE PÈLERINAGE A NOTRE-DAME-DU-HAUT,

PAR

M. l'Abbé VAUCHOT,

Architecte du nouveau sanctuaire de Marie sur la montagne sainte de Ronchamp, diocèse de Besançon (Haute-Saône).

TROISIÈME ÉDITION, AUGMENTÉE.

Respice stellam, voca Mariam.
Regardez l'étoile, invoquez Marie.
S. BERNARD.

BESANÇON,

IMPRIMERIE ET LITHOGRAPHIE DE J. JACQUIN,
Grande-Rue, 14, à la Vieille-Intendance.

—

1852.

DÉDICACE

A Notre-Dame-du-Haut, à Ronchamp.

O ma divine Bienfaitrice, je confesse qu'il y a trop long-temps que, comme le mauvais serviteur de l'Evangile, nous avons tenu cachés les dons précieux de votre bonté maternelle et les prodiges étonnants de votre toute-puis-sance auprès de Dieu. Le moment qui doit mettre le terme à notre indifférence et à notre ingratitude est enfin arrivé. Aujourd'hui que nous entendons de toutes parts raconter les faveurs signalées que vous accordez depuis tant de siècles, et que vous prodiguez chaque jour plus que ja-mais à ceux de vos serviteurs qui viennent implorer votre assistance devant votre image sacrée, sur cette montagne sainte où vous habitez sous le titre de *Notre-Dame-du-Haut*, nos cœurs sont dans la joie et notre voix est dans l'impuissance de se faire entendre. Parlez donc avec nous, parlez à notre place, vous tous qui avez vu et qui avez éprouvé les effets merveilleux du pouvoir et de la bonté de Marie vénérée dans ce sanctuaire antique. C'est ici, comme au temps de la vie mortelle de Jésus-Christ son divin Fils, que les boiteux sont redressés et les aveugles éclairés, que les captifs sont mis en liberté et les morts rendus à la vie; c'est ici, enfin, que les grâces les plus signalées ont été obtenues. Tel est le langage que nous aimons à faire entendre au monde étonné, et si tous ceux qui ont été les objets des faveurs de Marie invoquée sous le titre de *Notre-Dame-du-Haut* veulent se réunir à nous, nous entendrons des milliers de voix s'élever de toutes parts pour publier les bienfaits de cette auguste Reine des cieux, pour nous raconter des choses admirables, comme nous le dit le prophète-roi: *Gloriosa dicta sunt de te, civitas Dei*. O vous, pieux pèlerins, qui aimez à venir près de votre Mère, ne vous semble-t-il pas que c'est à vous spécialement que saint Bernard, ce grand serviteur de Marie, adresse ces paroles si remarquables : Regardez votre étoile, invoquez Marie ; *respice stellam, voca Mariam ;* invoquez-la dans le péril, dans le doute et dans les plus violentes tentations. En suivant Marie votre étoile, dit ce docteur, vous ne vous égarerez point ; en priant Marie, vous ne serez jamais tentés de désespoir ; en vous appuyant sur Marie, vous ne tomberez point, et Marie vous étant propice, vous parviendrez au terme du vrai bonheur. Jetez les yeux, pieux pèlerins, avec confiance et amour sur cet astre radieux qui vous éclaire du haut de ce sanctuaire auguste sur votre route. En regardant cette image qui brille là-haut dans les airs comme un soleil, ne lui adressez-vous pas avec les esprits bienheureux ces belles paroles des divines Ecritures : *Vous êtes, ô Marie, la gloire de Jérusalem ; vous êtes la joie d'Israël, vous êtes l'honneur de votre peuple.* (Judith, 15, 10.)

O divine Marie, je dépose ce petit ouvrage que je compose sous vos auspices, dans votre cœur maternel ; daignez, ma tendre Mère, recevoir ce faible hommage de ma vive reconnaissance, le féconder et l'aider à vous faire mieux connaître et à vous gagner tous les cœurs de ceux qui liront ces quelques lignes. C'est le vœu bien sincère de mon cœur, pénétré des sentiments d'un respect profond, de la confiance sans bornes et de l'amour le plus tendre, avec lesquels j'ai la douce satisfaction d'être,

MON AUGUSTE REINE,

De votre Majesté,

Le très obéissant et très dévoué serviteur,

C.-J. VAUCHOT,
Prêtre chapelain de Marie, à Ronchamp.

L'ÉTOILE BRILLANTE

DE MARIE,

ou

LE PÈLERINAGE A NOTRE-DAME-DU-HAUT.

CHAPITRE Ier.

L'ancienne Chapelle.

La chapelle de *Notre-Dame-du-Haut*, autrefois Notre-Dame-de-Bourlémont, porte le millésime de 1308. Ce millésime, reconnu authentique, est conservé dans les archives de la bibliothèque de la ville de Besançon. Elle est bâtie à un kilomètre du village de Ronchamp, sur une hauteur qui termine à l'ouest la chaîne des montagnes connues sous le nom de Ballons-des-Vosges. Le plateau où elle est sise est un des points de vue les plus beaux que possède la Franche-Comté ; le regard découvre facilement, au couchant, Langres, au levant le mont Saint-Bernard. Cette chapelle, qui servit d'église paroissiale jusqu'en 1751, tient le premier rang parmi les antiquités de la province. Au temps de funeste mémoire de 1793, la sainte chapelle fut vendue à un habitant de Luxeuil, comme furent vendus tant d'autres monuments de la piété des fidèles. Mais les habitants de Ronchamp, craignant que ce monument si cher à leurs pères ne vînt à être détruit, se hâtèrent de le racheter. Ce trait leur fait honneur, en attestant leur foi et leur piété envers la bienheureuse Vierge. Aussi Marie se plaît-elle toujours à accorder à ce peuple des faveurs signalées, et à le préserver des calamités publiques.

Cette chapelle resta ouverte au culte pendant la grande révolution de France (chose digne de remarque) : le saint sacrifice y fut célébré, des mariages y furent bénis, et la statue miraculeuse n'a pas même été déplacée de son trône, pendant que les autres monuments pieux devenaient la proie des dévastateurs révolutionnaires.

Malgré toutes les recherches que j'ai pu faire pour découvrir l'époque fixe de l'apparition de la statue sur la montagne de Ronchamp, je n'ai encore rien pu découvrir de certain ; mais peu importe : elle est là, toujours debout, toujours protectrice. Sa matière est un bois dur ; elle a environ trois pieds et demi de hauteur ; elle tient son divin Enfant sur son bras gauche ; sa tête est doucement inclinée vers lui ; deux séraphins tiennent une couronne de fleurs suspendue au-dessus de son front. Le devant de son vêtement est couvert de croix d'or et de bijoux précieux que lui offrent les pieux pèlerins en reconnaissance des faveurs obtenues. Les *ex-voto* qu'on voit dans cette chapelle et ceux qui ont disparu attestent le pouvoir et la bonté de Marie, ainsi que l'antiquité de cette statue miraculeuse.

Une tradition constante, conservée dans les contrées voisines, nous apprend : 1° que cette chapelle fut bâtie à la place d'un de ces temples d'idoles si nombreux autrefois dans la Séquanie ; 2° que cette substitution de Marie aux idoles est due à quelques miracles étonnants, qui ont converti les peuples de ces contrées ; 3° que cette chapelle remonte jusqu'au temps voisin du martyre de nos saints apôtres Ferréol et Ferjeux, et qu'elle fut construite sur une hauteur pour servir au culte chrétien naissant.

Qu'il est consolant de voir cette auguste Reine de l'univers, dans les premiers temps, réduisant en poudre les idoles et les faux dieux ! Qu'il est beau de la voir, au XVI° siècle, arrêtant les ravages de l'hérésie de Luther et de Calvin, qui envahit le pays voisin, lui disant comme autrefois Dieu dit à la mer : Tu ne viendras que jusque-là ; *hùc usque venies !* Qu'il est agréable, enfin, de voir cette puissante Reine, placée sur cette haute montagne comme dans une citadelle, résister à toutes les fureurs de 1793, rester ferme et tranquille sur son trône de grâce au milieu des tempêtes révolutionnaires, pour consoler et pour défendre comme une tendre mère ceux de ses enfants qui recourraient à elle dans ces jours de malheur.

CHAPITRE II.

Le nouveau Sanctuaire de Notre-Dame-du-Haut.

Vu la foule des pèlerins qui accourent de toutes parts sur la sainte colline de Ronchamp; vu les faits merveilleux opérés par la Vierge bienfaitrice, le projet de construire un nouveau sanctuaire, plus vaste et mieux décoré que l'antique chapelle, a été conçu par des prêtres pieux et par un grand nombre de fidèles. Ce projet a été soumis à Son Eminence le Cardinal Mathieu, archevêque de Besançon, connu par son zèle et sa piété envers Marie. Il l'a approuvé comme une œuvre importante, propre à rendre de plus en plus florissant le culte de la très Sainte Vierge dans son diocèse et même au delà. Voici sa lettre, telle qu'il me l'a adressée de Rome :

Rome, le 20 février 1843.

Je recommande à messieurs les curés et aux âmes pieuses du diocèse la reconstruction de la chapelle de la très sainte Vierge, à Ronchamp, qu'entreprend monsieur Vauchot, curé de Ruffey.

La dévotion à la sainte Vierge est celle de tous les enfants de Dieu. Nos vénérés prédécesseurs ont mis le diocèse sous sa protection : la foi et la religion y fleuriront à proportion que Marie y sera honorée. C'est donc semer pour l'éternité que de donner à Marie dans le temps.

† CÉSAIRE,

Archevêque de Besançon.

Dieu l'a voulu ainsi, ce projet se réalise, et nous avons l'avantage d'annoncer à nos chers lecteurs que l'église nouvelle est bâtie ; tout l'extérieur est fini. Cet édifice a 60 pieds de long sur 46 de large ; il est du genre gothique du xiiie siècle ; il y a quatre grands vitraux et deux rosaces. Dans le premier des vitraux va briller en verre peint *Sainte-Marie-Majeure* de Rome, le premier des pèlerinages en l'honneur de la Sainte Vierge, image tracée par l'évangéliste saint Luc même. Dans le deuxième, sera représentée *Notre-Dame-de-Lorette* en Italie : dans le troisième, *Notre-Dame-de-Fourvière* en France ; et dans le quatrième, *Notre-Dame-des-Ermites* : les quatre sanctuaires les plus célèbres de la catholicité en l'honneur de la Vierge Marie. Dans la grande rosace, au-dessus du maître-autel, sera représentée Marie montant au ciel, avec ces paroles de l'Écriture : *Veni, coronaberis* ; la couronne se posera au-dessus de la Vierge. Dans l'autre rosace, qui se trouve au fronton de l'église, se présentera Marie avec son divin Enfant, exposant à la vue des pèlerins le chapelet, comme pour les exhorter à embrasser cette aimable et précieuse dévotion. Bientôt tous ces personnages seront placés chacun dans leur rang. On y travaille avec soin.

Déjà, je viens de placer sur les quatre flèches de l'église quatre séraphins en fonte dorée ; et la grande statue de la Vierge toute brillante d'or s'élève au milieu des séraphins sur un piédestal , à cent pieds au-dessus du sol. Cette image sera environnée de douze étoiles en forme de couronne, et d'un soleil tout radieux. Au pied de cette statue colossale se trouve une balustrade qui entoure le trône de la Vierge, d'où le voyageur curieux aimera à promener au loin ses regards sur l'horizon. Cette Mère, compatissant aux misères de ses enfants, tiendra dans ses mains cette touchante parole : *Venez à moi, enfants affligés, et je vous soulagerai.*

Aussitôt que l'extérieur de l'église sera terminé, je m'appliquerai à la décoration de l'intérieur ; au maitre-autel, paraîtra la statue miraculeuse richement ornée ; elle sera placée sur un tabernacle d'un genre tout nouveau. Sur la porte de ce tabernacle, brillera d'un triple éclat le très saint cœur de Marie, qui servira à renfermer le saint-ciboire où reposera le Saint Sacrement : ce qui rappellera l'auguste mystère de l'Incarnation, lorsque le divin Sauveur daigna s'anéantir par amour pour nous dans le chaste sein de la très sainte Vierge. Une relique de la vraie croix, des parcelles des vêtements de la Sainte Vierge, un morceau de la crèche de Bethléem et des langes de Jésus enfant, objets très rares et très précieux que j'ai reçus du saint évêque de Fribourg, Mgr

Jenny, serviront à orner et à enrichir cet autel. Dans le tombeau, sera représenté en relief, Notre Seigneur dans le sépulcre, entouré des instruments de sa Passion.

Le second autel sera dédié à saint Joseph, et au pied de sa statue reposera, dans un reliquaire, une portion de son manteau, et dans le tombeau de cet autel on verra le petit ménage de Nazareth et tout l'atelier du chef de la sainte famille.

Sur le troisième autel, reposeront avec leurs reliques, nos saints apôtres Ferréol et Ferjeux. Nous conserverons l'autel de l'ancienne chapelle jointe au nouveau sanctuaire, pour y placer *Notre-Dame-de-Pitié*, pour laquelle on conserve toujours une grande dévotion.

Près du nouveau sanctuaire, le pèlerin admire déjà une croix brillante et majestueuse ; de chaque côté doivent être placés la Sainte Vierge et saint Jean, et c'est à ce nouveau Calvaire que se termineront les quatorze stations du chemin de la croix que nous nous proposons d'ériger dans le flanc de la sainte montagne.

On trouve déjà à acheter chez le gardien de la chapelle des objets de dévotion, comme croix, médailles de la Vierge, chapelets, livres et images, mais plus tard le pèlerin y trouvera ces objets plus variés et en plus grand nombre.

L'année sainte du jubilé a occasionné du retard à ma construction, parce que j'ai été obligé d'interrompre mes quêtes et mon travail sur la montagne, pour me livrer aux fonctions saintes du ministère dans les paroisses.

CHAPITRE III.

Le Pèlerinage à Notre-Dame-du-Haut.

Il n'est point, dans le diocèse de Besançon, de sanctuaire de Marie que le Seigneur ait environné d'autant de gloire que celui de *Notre-Dame-du-Haut.* Son antiquité reculée, l'affluence des pèlerins que la piété attire de plusieurs provinces (la Franche-Comté, l'Alsace, la Lorraine, etc.) aux pieds de cette bonne Mère, les faveurs signalées tant dans l'ordre de la nature que dans celui de la grâce, qu'elle se plaît à répandre de cette source de salut, en ont fait un des plus célèbres pèlerinages de notre pays, et à mesure que nous avançons dans notre construction, nous avons la douce satisfaction de voir le pèlerinage devenir de plus en plus honoré par le nombre de personnes qui y arrivent chaque jour, et se jettent aux pieds de la sainte image animés d'une foi vive. Souvent je remarque avec attendrissement une suite composée de fidèles de tout sexe, de tout âge et de toute condition, arriver à pas lents en silence, ou en adressant déjà des prières au ciel. Je les vois entrer dans la sainte chapelle tout pénétrés de respect, et contemplant l'auguste souveraine dont ils viennent réclamer le puissant secours. Bientôt, prosternés au pied de son image, pleins de pensées de foi, de confiance et d'amour, ils exposent avec ferveur l'objet de leurs vœux. Ici, c'est une mère qui, levant des yeux mouillés de larmes vers Marie, lui demande la santé d'un fils unique qui fait toute sa consolation. Là, c'est une autre Monique qui, gémissant sur les égarements d'un nouvel Augustin ou d'un époux, réclame le secours de celle qui dispose des grâces victorieuses qui changent les cœurs. Plus loin, c'est un infirme qui supplie, plus par ses soupirs que par ses paroles, la Vierge puissante de lui tendre cette main d'où s'échappent tant de guérisons. A côté de lui, j'aperçois une âme peinée que le frein de la religion retient encore, mais qui, entraînée par le penchant d'un cœur trop faible, se précipite vers l'abîme du péché. Non, on ne peut pas être témoin du pieux concours des fidèles en ce saint lieu, sans être attendri jusqu'aux larmes. Personne ne peut monter sur la sainte colline avec des sentiments religieux, sans en descendre meilleur. Combien de fois des âmes pieuses, versant de douces larmes de joie dans la sainte chapelle, m'ont dit en sortant, comme autrefois les apôtres dirent à Notre Seigneur sur le Thabor : Qu'il fait bon ici ! qu'on y goûte de douceurs ! C'est avec regret qu'il faut s'éloigner de la bonne Mère, mais j'espère revenir la voir le plus tôt possible.

CHAPITRE IV.

Faits merveilleux opérés par Notre-Dame-du-Haut.

Il est à notre connaissance un grand nombre de faits merveilleux opérés dans la chapelle de Ronchamp ; mais nous n'en signalerons ici que quelques-uns, nous réservant de détailler plus tard dans un ouvrage plus étendu les faits édifiants et nombreux que nous recueillons chaque jour. Nous les accompagnerons de renseignements qui les mettront à l'abri de la critique la plus sévère.

Un jeune homme de la Côte, nommé André, est fait prisonnier dans une guerre suscitée par des barbares. Se voyant chargé de fers et condamné à mort, il se recommande à *Notre-Dame-du-Haut*, dont il connaissait le pouvoir et la bonté. Aussitôt il est transporté miraculeusement de sa prison à la sainte chapelle, avec ses fers, qui tombent d'eux-mêmes de ses pieds et de ses mains. C'est une tradition connue de tout le monde dans ce pays, et ses fers restent encore suspendus à la chapelle comme *ex-voto* en mémoire de ce prodige. Cinq ou six générations se sont succédé dans la famille depuis cet événement; mais les descendants vont encore exactement chaque année à la sainte chapelle, remercier la bonne Vierge et lui offrir un cierge en reconnaissance de cette faveur.

Auguste Pierre, aussi de la Côte (Haute-Saône), fils de feu Jean-Baptiste Pierre, et de vivante Rosalie Requillot, âgé de sept ans, tomba dans une maladie si cruelle, qu'il déchirait tout ce qu'il pouvait atteindre, mordait les personnes qui s'approchaient de lui; il avait entièrement perdu l'usage de la raison, et presque celui de la parole. Il ne tenait plus d'autre langage que celui-ci : *Tuez-moi, saignez-moi, étranglez-moi, enterrez-moi!* Tel fut son état déplorable pendant onze mois. Ses parents, pleins de foi, voyant l'art des médecins les plus habiles devenu inutile pour cet infortuné, le dévouèrent à *Notre-Dame-du-Haut.* Ils portèrent l'enfant malade à la chapelle, accompagnés d'Auguste Pierre, son parrain, de François Pierre, son oncle, et de plusieurs personnes encore existantes. En montant à la chapelle, l'enfant s'écrie : *A la bonne foi, à la bonne foi, à la bonne foi!* ce qui affermit l'espérance des parents. Arrivé à la chapelle, il change de couleur, il éprouve une hémorrhagie, et il prend ensuite quelque nourriture chez le gardien de la chapelle. De retour à la maison, on le met au lit, il dort pendant vingt-quatre heures; puis il se réveille parfaitement guéri.

Véronique, fille de Jean Bourquin et de Marie-Françoise Mourey, son épouse, était venue au monde sans vie, le 8 octobre 1811. Ayant été portée à la chapelle de la Vierge, elle y a reçu la vic et a été baptisée dans l'église de Ronchamp. L'acte de son baptême est consigné dans les registres de cette paroisse. Cette enfant a encore vécu quatre jours après son baptême. Ce fait est attesté par Jacques Bichet, son parrain, et par quantité de personnes encore vivantes.

Marie Mouge, femme d'Etienne Dumont, de Varogne (Haute-Saône), a été guérie d'une épilepsie, le 15 septembre 1849, par suite d'un voyage fait à *Notre-Dame-du-Haut*. Cette guérison miraculeuse est attestée par toute la paroisse de Varogne, et par M. Bardot, curé.

Jean-Claude Frechain, de la paroisse de Roye (Haute-Saône), officier retraité, atteste qu'ayant souffert des tourments affreux occasionnés par un rhumatisme, pendant plus de cinq ans, sans trouver aucun soulagement près des médecins, il se recommanda avec une foi vive à *Notre-Dame-du-Haut*. Sa nièce, qui le soignait, fit le pèlerinage à la chapelle, et obtint de suite, par ses ferventes prières, la guérison de son oncle. Il y a environ dix ans, et depuis cette époque, il n'a pas ressenti la moindre douleur. Les témoins de cette guérison sont Jean-Baptiste Ville, maire de Roye, François Ville, Pierre Guillaume, Julien Henri, et une multitude d'habitants du pays encore existants.

Celui qui n'ajouterait pas foi à des bienfaits aussi évidents, dit ce brave officier dans son rapport du 28 avril 1851, je le regarderais comme un impie, un homme sans religion. Pour moi, je ne passerai aucun jour de ma vie sans remercie de tout mon cœur la divine Marie d'une telle faveur.

CHAPITRE V.

Utilité des Pèlerinages.

Les pèlerinages nous fournissent le moyen de réveiller en nous les sentiments religieux, d'acquitter nos dettes envers la justice divine par le moyen des indulgences, et de nous affermir de plus en plus dans la foi et dans toutes les vertus. Les pèlerinages ont existé dans l'ancienne loi comme dans la nouvelle. La sainte Eglise les a maintenus, enrichis d'indulgences et de faveurs spirituelles ; ils étaient même regardés autrefois comme une partie de la pénitence canonique, et les stations, encore recommandées dans les jubilés, ne sont autre chose que des pèlerinages. L'Eglise accorde ses indulgences à ceux qui visitent les sanctuaires qui rappellent la Passion de Jésus-Christ. Ne croyons pas que, même dans les premiers siècles de l'Eglise, Marie ait été oubliée par les chrétiens qui allaient visiter les monuments qui rappelaient le Sauveur et ses mystères. La Sainte Vierge avait dans la Terre-Sainte ses sanctuaires et ses pèlerinages particuliers. Les bienfaits reçus dans ces sanctuaires et l'empressement des fidèles à se rendre aux pieds de Marie, firent multiplier ces lieux de pèlerinage, où l'on se rendait de toutes les parties du monde avec affluence. Point de dévotion plus utile. Que se propose un pèlerin plein de foi? Il pense avant tout à l'état de sa conscience; il se dispose, par des sentiments de componction, à faire une bonne confession, à se réconcilier avec Dieu, et à ranimer dans son cœur son amour pour la vertu.

Oui, pieux pèlerins, la Vierge de Ronchamp, dans son sanctuaire sur la colline sacrée, est une source de salut pour les pécheurs, une source de consolation pour les affligés, et une source de grâces pour les âmes justes.

Parmi toutes les grâces extraordinaires obtenues à *Notre-Dame-du-Haut*, les conversions éclatantes et même miraculeuses qui s'y sont opérées et qui s'y opèrent encore sont sans doute les plus grandes et les plus admirables. J'en ai été témoin plus d'une fois.

Oui, par vous, Marie, ô grande médiatrice! les cieux et la terre ont été réunis en ce saint lieu; la miséricorde et la justice y ont célébré leur alliance. Ici, à vos pieds, les pécheurs se sont convertis, les justes se sont raffermis, et la joie des anges a été portée à son comble. Mais tous ces prodiges de conversion ne seront connus qu'au grand jour de la révélation des consciences. Oh! infortunés pécheurs, quelle que soit l'énormité de vos crimes, ne désespérez pas aux pieds d'une telle médiatrice! Elle n'est que bonté, que tendresse, que douceur envers les pauvres humains; son cœur de mère la porte même jusqu'à chercher ceux qui la fuient; elle bénit ceux qui la maudissent; elle intercède pour ceux qui blasphèment contre elle, pour ses plus cruels ennemis; elle répand ses grâces d'un bout du monde à l'autre; tous les habitants de la terre ressentent les heureux effets de sa clémence, comme tous jouissent de la lumière du jour.

S'il arrive quelquefois que le pèlerin ait en vue d'obtenir des secours et des consolations temporelles, ce n'est ici qu'une intention secondaire dirigée par la foi, qui ne détruit point la nature, mais la purifie. Quoique le pèlerinage ne sanctifie pas par lui-même, il est néanmoins prouvé par l'expérience qu'une multitude de personnes ont changé de mœurs et se sont converties dans un pèlerinage bien fait.

En effet, à la vue des monuments qui racontent les bienfaits reçus du ciel ou qui en promettent de nouveaux, la foi du chrétien peut-elle ne pas se réveiller? Peut-on être témoin du concours des fidèles dans ces saints lieux sans être touché? Les paroisses, les cités, les provinces entières ressentent les heureuses influences des pèlerinages. La foi y répand une lumière, et la piété un parfum qui pénètre les âmes.

Je finis ce chapitre par un passage extrait d'une bulle de Léon VIII :

« Léon, serviteur des serviteurs de Dieu. Il convient au Siége Apostolique d'accorder notre bienveillance à ceux qui mettent leur zèle pour la religion, et de les secourir charitablement de nos conseils et de notre assistance ; car nous méritons auprès de Dieu une très grande récompense, lorsque, par notre moyen, les lieux de vénération et de piété s'augmentent et sont mis en meilleur état. »

CHAPITRE VI.

Réponse aux objections contre les Pèlerinages.

Il se glisse, sans doute, des abus dans les pèlerinages ; mais quelle est l'institution la plus sainte dont on n'abuse point ? Ces objections, pulvérisées si longtemps d'avance par les docteurs de l'Eglise, les Augustin, les Jérôme, ces objections, si bien réfutées par tous les auteurs ecclésiastiques, ne méritent pas notre attention. Dès qu'une pratique de piété est bonne et louable en elle-même, faut-il s'en éloigner parce que quelques-uns en abusent ? La faute d'un petit nombre, dit saint Jérôme, ne préjudicie pas à la religion.

Qu'on lise le concile de Trente : on trouvera, à la session 25, la condamnation de ceux qui s'élèvent contre les pèlerinages, et on apprendra les règles à suivre pour prévenir ou pour retrancher les abus. S'il fallait réprouver une chose parce que quelques hommes en font un mauvais usage, il faudrait s'interdire l'Ecriture sainte, dont les novateurs abusent pour y trouver la confirmation de leurs erreurs. Il faudrait s'interdire les sacrements, la sainte messe, il faudrait supprimer les dimanches et les fêtes, et les missions même; il faudrait s'interdire les mets les plus sains, parce que quelques personnes abusent de toutes ces choses si excellentes en elles-mêmes.

Il y a dans bien des paroisses, dit le vénérable évêque de Belley, des dévotions populaires qui tiennent à d'anciens usages, à de pieuses traditions. C'est une chapelle ou un autel de la Sainte Vierge, de saint Joseph, de saint Antoine, etc., où l'on va en dévotion, où l'on vient même de bien loin. Nous pensons qu'il faut entretenir ces pieuses pratiques, même quand elles donneraient occasion à quelques abus, parce que le démon pousse toujours à abuser de tout ce qui est bon. Le devoir du pasteur est de supprimer les abus, de les diminuer, du moins autant qu'il peut; mais il y a plus de paresse que de zèle à supprimer les dévotions populaires, plutôt qu'à les épurer.

Voici la réponse d'un de nos archevêques de France à un curé qui se plaignait des pèlerinages, en répétant l'objection des novateurs :

Monsieur le curé, dit l'archevêque, le meilleur moyen de supprimer les abus d'un pèlerinage est de le rétablir dans sa première splendeur, et d'y ajouter, s'il est possible, un nouveau lustre pour le rendre de plus en plus florissant. C'est le vrai moyen de ranimer la foi et de la fortifier dans le cœur des fidèles.

En voilà assez, pieux lecteurs, pour vous convaincre de l'utilité des pèlerinages, et pour réfuter d'une manière victorieuse toutes les objections. Nous devons nous en rapporter à la sagesse et à la vigilance des premiers pasteurs. En suivant la doctrine de l'Eglise, toujours conduite par l'Esprit d'en haut, nous nous garantirons toujours de tout abus, et nous ne nous écarterons jamais de la bonne voie.

—————

Quand on me demande où sont mes ressources pour exécuter tant et de si beaux projets, je réponds toujours : Dans la divine Providence et dans la charité des fidèles, qui se reproduit chaque jour d'une manière plus sensible encore dans notre siècle que jamais. Déjà plusieurs personnes pieuses et charitables m'ont promis des secours extraordinaires pour soutenir mon établissement, de sorte que mes espérances sont fondées. Je sais d'ailleurs que d'autres établissements de ce genre, placés sous la protection de la Sainte Vierge, sont parvenus à un état de prospérité tel, qu'ils ont rempli tout le monde d'admiration, et procuré à ceux qui en sont les auteurs un contentement au delà de toute espérance.

J'ai commencé les quêtes que je suis chargé de faire pour mes constructions, dans le département du Doubs. Honneur à ses bons habitants : ils ont entendu ma prière et ils y ont répondu charitablement ! Leurs noms seront écrits dans le livre de vie entre les mains de Marie. Mais honneur mille fois aux administrateurs et aux habitants de Ronchamp, qui, enchérissant sur le zèle et la piété de leurs ancêtres pour la Vierge, m'ont voté une somme considérable, et m'ont rendu des services immenses pour le transport des matériaux sur la montagne !

J'espère, après le jubilé, reprendre mes quêtes dans le diocèse. Le bon accueil qu'on m'a fait partout jusqu'à présent me donne l'espérance du succès dans la suite de mes visites ; et après avoir vu le diocèse, je visiterai encore les diocèses voisins, s'il est nécessaire.

Voilà, chers lecteurs, le grand ouvrage qui m'occupe pour la plus grande gloire de Jésus et de Marie, pour le bonheur de mes frères et le salut des âmes qui se perdent au sein du christianisme.

Nous admirons, et avec raison, les saints prêtres qui ont le courage d'aller chercher dans les pays idolâtres quelques âmes pour les gagner à Dieu. Mais vous, qui par vos aumônes contribuerez avec nous à sauver tant d'âmes qui s'égarent au milieu de nous, vous serez aussi dignes d'éloges devant Dieu et devant les hommes : et si un verre d'eau donné au dernier serviteur de notre divin Maître a sa récompense, quand vous donnerez à Marie, sa Mère, l'objet de ses complaisances, que n'aurez-vous pas droit d'attendre de sa libéralité ? C'est alors que, comme le dit très bien Son Eminence, dans sa lettre, titre de ma mission, venue de Rome : *Donner à Marie dans le temps, c'est semer pour l'éternité.*

A la vue de cette belle œuvre, si heureusement commencée et déjà si avancée, vous applaudissez, chers lecteurs, et vous dites tous dans votre cœur généreux : Et moi aussi, je suis heureux de payer ma dette de reconnaissance envers Marie. Oui, je veux participer pour quelque chose à l'œuvre sainte qui doit porter dans les siècles à venir un témoignage si éclatant de notre foi et de notre amour pour la Mère de notre Dieu. Je désire que mon nom soit gravé dans son cœur maternel. Je désire que Marie soit mon refuge contre l'impiété, l'indifférence et l'immoralité, comme elle fut autrefois, sur la sainte colline, le refuge de nos pères contre l'idolâtrie, contre l'erreur du xvie siècle, et contre l'impiété révolutionnaire de 1793.

Vos vœux, pieux lecteurs, seront exaucés. En portant vos regards vers la sainte montagne, écriez-vous avec une sainte joie : Voilà une cité sainte, voilà la tour imprenable de David, voilà la citadelle redoutable à nos ennemis. Oui, Marie, du haut de ce trône qui domine sur les provinces et sur les nations, veille à notre sûreté et nous défend ; elle nous protégera sans cesse et repoussera toujours avec vigueur l'ennemi de notre salut. *In hoc signo vinces.*

CHAPITRE VII.

Prières diverses à Notre-Dame-du-Haut, et Cantiques.

PRIÈRE POUR LE PÈLERINAGE.

Je vais entreprendre ce voyage, ô mon Dieu, pour visiter en esprit de foi et avec confiance le vénérable sanctuaire de *Notre-Dame-du-Haut*, pour y pleurer mes péchés, pour en faire l'humble aveu et en obtenir le pardon, pour y chercher le remède à mes maux spirituels et temporels. Dieu tout-puissant, accordez-moi, s'il vous plaît, un heureux voyage, un temps propice, et dirigez mes pas dans la longueur du chemin. Et vous, Marie, ma bonne Mère, le jour est enfin venu où j'aurai le bonheur de me transporter sur la colline sainte de Ronchamp, où vous vous êtes choisi une demeure de prédilection pour y prodiguer vos faveurs. Ah! que mon âme se réjouisse et qu'elle embrasse volontiers les mortifications et les fatigues que ce voyage va lui présenter. O bonne Notre Dame, soyez, dès ce moment, après Jésus, l'unique objet de mes affections et de mes désirs. C'est là, aux pieds de votre image, que je vous parlerai de cœur à cœur, et que vous exaucerez mes vœux. Que la paix et la bénédiction du Dieu tout-puissant soient avec moi et avec tous ceux qui m'accompagnent dans ce voyage. Au nom du Père, etc.

PRIÈRE ÉTANT ARRIVÉ A LA SAINTE CHAPELLE.

Auguste Marie, Mère de mon Sauveur, me voici donc au terme de mes désirs, prosterné dans ce sanctuaire auguste, où vous êtes depuis tant de siècles le doux objet de la vénération et de la confiance des fidèles, où vous ne cessez de dispenser des grâces sans nombre et si éclatantes. Que rien n'arrête ici l'ardeur que j'éprouve de vous honorer, de vous glorifier et de publier vos louanges. O puissante Reine du ciel et de la terre, c'est ici que vous avez triomphé dès les premiers temps de l'idolâtrie et brisé les idoles des faux dieux ; c'est ici que vous avez repoussé les hérésies des derniers siècles et que vous avez résisté à toutes les fureurs de la révolution, restant ferme sur votre trône pour soutenir et consoler les fidèles dans ces temps malheureux. C'est ici que vous avez délivré autrefois les captifs de leur prison, que vous brisez encore tous les jours les fers des pécheurs infortunés, et que vous leur obtenez le pardon de leurs péchés en déchirant leur cœur par un sincère repentir. Ici, incomparable Marie, vous êtes toute à tous, dans toute sorte d'état et de condition et pour toute sorte de besoins : vous redressez les boiteux, vous éclairez les aveugles, vous rendez la vie aux morts, vous consolez tous ceux qui sont dans l'affliction. Votre tendresse et vos miséricordes seront toujours incompréhensibles à notre égard.

PRIÈRE A NOTRE-DAME-DU-HAUT, QUI PEUT SE FAIRE EN TOUS LIEUX.

O Marie, puisque nous sommes tous vos enfants et que tous ceux qui vous visitent en ce saint lieu se trouvent réunis dans votre cœur maternel, je m'unis à eux par les liens de la charité chrétienne, afin que ma prière emprunte de leur ferveur ce qui lui manque. O Vierge sainte, que je trouve de douceur à venir à vos pieds, à vous prier, à vous nommer ma Mère, à vous confier mes peines, à verser dans votre cœur tous les secrets du mien! Je ressens pour vous une tendresse toute filiale.

Mère de miséricorde, je me prosterne (en esprit) dans votre auguste sanctuaire élevé sur la montagne sainte, devant cette image bénite et signalée depuis si longtemps par tant de prodiges. Ma confiance en vous est sans bornes, très douce Vierge. Je vous invoquerai toujours, parce que vous me consolerez toujours; je vous remercierai toujours, parce que toujours vous me soulagerez; je vous servirai toujours, parce que toujours vous m'aiderez; je vous aimerai toujours, parce que toujours vous m'aimerez, et que toujours votre amour généreux dépassera mon espérance. O vous, le refuge des pécheurs, obtenez-moi le pardon de mes fautes, ne me refusez pas les grâces de conversion que vous avez déjà obtenues à tant de milliers de pécheurs. Vierge clémente, obtenez-moi vos vertus, et surtout une partie de votre amour pour Dieu et la persévérance finale.

Mère compatissante, je vous invoque dans les

embarras où je me trouve présentement ; vous voyez mes maux temporels et spirituels. A qui un enfant peut-il avoir recours avec plus de confiance qu'à sa Mère ?

(Exposez ici simplement ce que vous désirez plus particulièrement pour vous et pour les autres.)

Consolatrice des affligés, secourez-moi comme vous avez secouru tant d'autres ; faites que je sois délivré de mes peines, si c'est pour la gloire de Dieu et le salut de mon âme : ou, du moins, obtenez-moi la grâce de les supporter avec une parfaite résignation à la volonté de mon Dieu. Obtenez-moi aussi d'employer saintement le peu de temps qui me reste à vivre pour me préparer à une bonne mort. Ainsi soit-il.

LITANIES

De Notre-Dame-du-Haut.

Kyrie, eleison. *bis.*	Seigneur, ayez pitié de nous. *bis.*
Christe, eleison. *bis.*	Jésus-Christ, ayez pitié de nous. *bis.*
Kyrie, eleison. *bis.*	Seigneur, ayez pitié de nous. *bis.*
Christe, audi nos.	Jésus-Christ, écoutez-nous.
Christe, exaudi nos.	Jésus-Christ, exaucez-n.

Pater de cœlis, Deus, miserere nobis.	Père céleste, qui êtes Dieu, ayez pitié de nous.
Fili Redemptor mundi, Deus, miserere nobis.	Fils de Dieu, Rédempteur du monde, ayez pitié de nous.
Spiritus Sancte, Deus, miserere nobis.	Esprit-Saint, qui êtes Dieu, ayez pitié de nous.
Sancta Trinitas, unus Deus, miserere nobis.	Sainte Trinité, un seul Dieu, ayez pitié de nous.
Sancta Maria, miseros ad arcem vocans, ora pro nobis.	Sainte Marie, qui appelez vos enfants affligés sur la montagne sainte pour les consoler et les guérir, priez pour nous.
Sancta Maria, æterni Patris Filia, ora pro nobis.	Sainte Marie, Fille auguste de Dieu le Père, priez pour nous.
Sancta Maria, Mater Christi intemerata, ora pro nobis.	Sainte Marie, Mère très pure de Dieu le Fils, priez pour nous.
Sancta Maria, Sancti Spiritûs Dei Sponsa, ora pro nobis.	Sainte Marie, digne Epouse du Saint-Esprit, priez pour nous.
Sancta Maria, miseros ad arcem vocans, ora pro nobis.	Sainte Marie, qui appelez vos enfants affligés sur la montagne sainte pour les consoler et les guérir, priez pour nous.
Sancta Maria, sine labe concepta, ora.	Sainte Marie, conçue sans péché, priez pour nous.
Sancta Maria, sanctuarium Divinitatis jucundissimum, ora.	Sainte Marie, sanctuaire de la Divinité, priez pour nous.
Sancta Maria, splendor aulæ cœlestis, ora.	Sainte Marie, la splendeur de la cour céleste, priez.

Sainte Marie, qui appelez vos enfants affligés sur la montagne sainte pour les consoler et les guérir, priez pour nous.

Sancta Maria, miseros ad arcem vocans, ora pro nobis.

Sainte Marie, flamme de l'amour divin, priez pour nous.

Sancta Maria, amoris divini flamma, ora pro nobis.

Sainte Marie, trône de la divine miséricorde, priez pour nous.

Sancta Maria, solium divinæ misericordiæ, ora pro nobis.

Sainte Marie, brûlant d'amour pour nous, priez pour nous.

Sancta Maria, amore nostri flagrans, ora pro nobis.

Sainte Marie, qui appelez vos enfants affligés sur la montagne sainte pour les consoler et les guérir, priez pour nous.

Sancta Maria, miseros ad arcem vocans, ora pro nobis.

Sainte Marie, tour imprenable de la véritable Eglise, priez pour nous.

Sancta Maria, turris Ecclesiæ fortissima, ora pro nobis.

Sainte Marie, qui avez brisé les idoles des faux dieux, priez pour nous.

Sancta Maria, deletrix idolorum, ora pro nobis.

Sainte Marie, plus redoutable à notre ennemi sur la montagne sainte qu'une armée rangée en bataille, priez.

Sancta Maria, acies in monte tuo benè ordinata, ora pro nobis.

Sainte Marie, qui appelez vos enfants affligés sur la montagne sainte pour les consoler et les guérir, priez pour nous.

Sancta Maria, miseros ad arcem vocans, ora pro nobis.

Sancta Maria, hæreseon destructio, ora pro nobis.

Sainte Marie, qui avez repoussé et détruit l'hérésie, priez pour nous.

Sancta Maria, columna adversus impios ferrea, ora pro nobis.

Sainte Marie, colonne de fer contre l'impiété, priez pour nous.

Sancta Maria, salus credentium, ora pro nobis.

Sainte Marie, qui sauvez les chrétiens, priez pour nous.

Sancta Maria, miseros ad arcem vocans, ora pro nobis.

Sainte Marie, qui appelez vos enfants affligés sur la montagne sainte pour les consoler et les guérir, priez pour nous.

Sancta Maria, victrix dæmonum terribilis, ora pro nobis.

Sainte Marie, qui foudroyez les démons, nos ennemis, priez pour nous.

Sancta Maria, captivorum liberatio, ora pro nobis.

Sainte Marie, qui délivrez les captifs de leur prison, priez pour nous.

Sancta Maria, eripiens nos de potestate tenebrarum, ora.

Sainte Marie, qui nous arrachez à la puissance des ténèbres, priez.

Sancta Maria, miseros ad arcem vocans, ora pro nobis.

Sainte Marie, qui appelez vos enfants affligés sur la montagne sainte pour les consoler et les guérir, priez pour nous.

Sancta Maria, mediatrix apud Mediatorem, ora pro nobis.

Sainte Marie, médiatrice toute puissante auprès de Jésus notre médiateur, priez pour nous.

Sancta Maria, vincula peccatorum solvens, ora pro nobis.

Sainte Marie, qui brisez les fers des pécheurs, priez pour nous.

Sainte Marie, notre défense dans les dangers de cette vie, priez pour nous.

Sancta Maria, tutela nostra in omnibus periculis, ora pro nobis.

Sainte Marie, qui appelez vos enfants affligés sur la montagne sainte pour les consoler et les guérir, priez pour nous.

Sancta Maria, miseros ad arcem vocans, ora pro nobis.

Sainte Marie, l'espérance des vivants, priez pour nous.

Sancta Maria, spes viventium, ora pro nobis.

Sainte Marie, secours des agonisants, priez pour nous.

Sancta Maria, auxilium agonisantium, ora pro nobis.

Sainte Marie, la vie et la consolation des mourants, priez pour nous.

Sancta Maria, vita morientium, ora pro nobis.

Sainte Marie, qui appelez vos enfants affligés sur la montagne sainte pour les consoler et les guérir, priez pour nous.

Sancta Maria, miseros ad arcem vocans, ora pro nobis.

Sainte Marie, qui soulagez les âmes du purgatoire, priez pour nous.

Sancta Maria, juvamen in purgatorio languentium, ora pro nobis.

Sainte Marie, port assuré de ceux qui font naufrage, priez pour nous.

Sancta Maria, naufragantium portus, ora pro nobis.

Sainte Marie, qui redressez les boiteux, priez.

Sancta Maria, pes claudorum, ora.

Sainte Marie, qui appelez vos enfants affligés sur la montagne sainte pour les consoler et les guérir, priez pour nous.

Sancta Maria, miseros ad arcem vocans, ora pro nobis.

Sancta Maria, lux viatorum, ora pro nobis.

Sancta Maria, refugium peccatorum, ora.

Sancta Maria, fons perennis omnium bonorum in monte, ora pro nobis.

Sancta Maria, miseros ad arcem vocans, ora pro nobis.

Agnus Dei, qui tollis peccata mundi, parce nobis, Domine.

Agnus Dei, qui tollis peccata mundi, exaudi nos, Domine.

Agnus Dei, qui tollis peccata mundi, miserere nobis.

v. Levavi oculos meos in montes.

r. Unde veniet auxilium mihi.

OREMUS.

Concede, quæsumus,

Sainte Marie, étoile brillante, qui, du haut de votre sanctuaire, éclairez les voyageurs, priez.

Sainte Marie, le refuge des pécheurs, priez.

Sainte Marie, qui, du haut de la sainte colline, répandez toutes sortes de bienfaits, priez.

Sainte Marie, qui appelez vos enfants affligés sur la montagne sainte pour les consoler et les guérir, priez pour nous.

Agneau de Dieu, qui effacez les péchés du monde, pardonnez-nous, Seigneur.

Agneau de Dieu, qui effacez les péchés du monde, exaucez-nous, Seigneur.

Agneau de Dieu, qui effacez les péchés du monde, ayez pitié de nous, Seigneur.

v. J'ai élevé les yeux vers vos saintes montagnes, ô Marie!

r. Car c'est de là que j'attends votre puissant secours.

ORAISON.

Dieu tout puissant, nous

vous prions de nous accorder que tous les fidèles qui mettent leur confiance dans la protection de la bienheureuse Vierge *Notre-Dame-du-Haut* soient, par son intercession, préservés de tout péché et des maux de cette vie, et qu'ils parviennent au bonheur éternel que vous nous réservez dans le ciel. Par Jésus-Christ votre Fils. Ainsi soit-il.

Domine, ut fideles tui qui sub beatæ Virginis Mariæ habitantis in monte sancto protectione lætantur, ejus piâ intercessione à peccatis et omnibus malis liberentur in terris, et ad gaudium sempiternum pervenire mereantur in cœlis. Per Dominum, etc.

ACTIONS DE GRACES APRÈS LE PÈLERINAGE.

Bénissez, ô mon âme, le Seigneur, pour ses ineffables bienfaits, que j'ai reçus dans ce saint lieu; bénissez aussi la Mère du Très-Haut, l'auguste Marie; trouvez dès ce jour vos délices à raconter tout ce qu'elle a fait pour vous, car c'est elle qui vous a regardé si tendrement, tandis que vous gémissiez dans vos misères, qui a fait luire à vos yeux le premier rayon de la grâce, qui a essuyé vos larmes et rempli votre cœur de consolations. Enfin, bénissez Marie, parce qu'elle sera désormais et jusqu'à la mort votre grand refuge, votre soutien et votre mère. O mon Sauveur! qui m'avez comblé de vos divines faveurs dans ce saint pèlerinage, je me propose ici, aux pieds de votre Sainte Mère, ma divine protectrice, de mener une vie toute nouvelle, vie qui ne sera plus désormais qu'un pèlerinage vers la céleste patrie; et vous, ô glorieuse Mère de mon Sauveur ! vous serez après lui le plus doux objet de ma vénération, de ma confiance et de mon amour. Qu'il me coûte, ô Marie, de quitter votre sanctuaire, cet aimable asile de vos enfants, où j'ai éprouvé combien vous êtes douce, puissante et aimable ! Je dois retourner là où la divine Providence m'a placé, pour remplir désormais mes devoirs avec une nouvelle ferveur. O ma tendre Mère ! avant de m'éloigner d'ici, je dépose dans votre sein maternel toutes les grâces que j'y ai reçues. Je vous recommande ce qui m'intéresse le plus : les promesses que j'ai faites à mon Dieu de l'aimer davantage et de lui être fidèle jusqu'à la mort; je vous recommande mon retour au sein de ma famille; ne m'abandonnez pas dans ma route et dirigez tous mes pas.

Salut, ô Marie ! auguste Reine des cieux et trésor de l'univers. Salut, ô Marie ! Mère de mon Sauveur, vainqueur de l'enfer et de la mort. Salut, ô Marie ! par qui est sauvé tout esprit fidèle qui recourt à vous avec une ferme confiance.

Salve, Regina,... illos tuos misericordes oculos ad nos converte,

MEMORARE.

Souvenez-vous, ô très miséricordieuse Vierge Marie, qu'on n'a jamais entendu dire qu'aucun de ceux qui ont eu recours à votre protection, qui ont imploré votre secours et sollicité vos suffrages, ait été abandonné. Animé de cette confiance, ô Reine des vierges ! ô ma tendre Mère ! je viens à vous, et gémissant sous le poids de mes péchés, je me prosterne à vos pieds. O divine Mère du Verbe incarné pour moi, ne méprisez pas mes prières, mais écoutez-les favorablement et daignez les exaucer. Ainsi soit-il.

NEUVAINE

A l'honneur du très saint Cœur de Marie.

Neuf sentiments affectueux envers ce saint Cœur.

1º O Cœur très saint de Marie, toujours Vierge immaculée ! Cœur le plus parfait et le plus noble qui soit sorti de la main du Créateur, après le Cœur de Jésus ; source intarissable de bonté, modèle de toutes les vertus, image parfaite du Cœur adorable de Jésus,

Embrasez mon cœur d'amour pour Jésus et pour vous, et convertissez les pécheurs.

Je vous salue, Marie, etc.

2º O Cœur très saint de Marie, qui brûlâtes toujours de la plus ardente charité pour Dieu et pour les hommes, vous qui avez donné plus de gloire à Dieu par la moindre de vos affections que ne lui en ont procuré toutes les créatures par leurs actions les plus héroïques,

Embrasez mon cœur, etc.

Je vous salue, Marie, etc.

3º O Cœur très saint de Marie, le siége de la

paix, où la miséricorde et la justice se sont alliées, qui avez ressenti si vivement nos misères, qui avez formé tant de désirs ardents de notre bonheur,

Embrasez mon cœur, etc.
Je vous salue, Marie, etc.

4° O Cœur très saint de Marie, qui êtes toujours dans les mêmes sentiments à notre égard, et qui méritez par là toutes les louanges, tout le respect et toute la tendresse des anges et des hommes,

Embrasez mon cœur, etc.
Je vous salue, Marie, etc.

5° O Cœur très saint de Marie, prosterné humblement devant vous, je vous rends l'hommage le plus profond dont mon âme est capable, et je vous remercie des sentiments de tendresse et de compassion dont vous avez été si souvent touchée à la vue de mes misères.

Embrasez mon cœur, etc.
Je vous salue, Marie, etc.

6° O Cœur très saint de Marie, je m'unis à toutes les âmes pures qui trouvent leurs délices à vous honorer, à vous louer et à vous aimer; elles ont appris du divin Esprit, qui les conduit, que c'est par vous qu'il faut aller à Jésus.

Embrasez mon cœur, etc.
Je vous salue, Marie, etc.

7° O Cœur très saint de Marie, Cœur tout aimable, vous serez désormais l'objet de ma vénération et de mon amour; vous serez mon refuge dans mes besoins, ma consolation dans mes peines, et l'école sacrée où j'irai apprendre les leçons de mon divin Maître.

Embrasez mon cœur, etc.

Je vous salue, Marie, etc.

8° O Cœur très saint de Marie, j'irai apprendre de vous l'humilité, la douceur, la pureté, la patience, le mépris du monde et de ses vanités, et surtout l'amour de Jésus. Je demanderai ces vertus par vos mérites, et j'espère les obtenir.

Embrasez mon cœur, etc.

Je vous salue, Marie, etc.

9° O Cœur très saint de Marie, indignement outragé par les impiétés et les blasphèmes des hérétiques et des mauvais chrétiens, je mettrai ma gloire et tout mon bonheur à défendre vos priviléges et tous vos titres de grandeur. Je m'appliquerai à vous faire honorer, aimer, invoquer et imiter autant qu'il sera en mon pouvoir, le reste de ma vie.

Embrasez mon cœur d'amour pour Jésus et pour vous, et convertissez les pécheurs.

On peut ajouter le *Memorare*, ou le *Salve, Regina*.

CANTIQUES.

Marie invite ses enfants à la visiter dans son Sanctuaire.

Air : Perçant les voiles de l'aurore.

Peuples chéris, venez sans crainte,
Venez célébrer mes grandeurs,

Venez sur la montagne sainte
Implorer mon secours, recevoir mes faveurs.

REFRAIN.

Accourons près de notre mère *(bis)*,
Nous serons comblés de bienfaits ;
Pénétrons dans son sanctuaire ,
Nous goûterons le bonheur et la paix *(bis)*.

Venez à moi, tendre jeunesse,
Venez me donner votre cœur ;
Je soutiendrai votre faiblesse ,
Je vous conduirai tous au séjour du bonheur.
Accourons près, etc.

Venez, cœurs purs, âmes ferventes,
Dignes objets de mon amour ;
Auprès de moi toujours contentes,
Vous croîtrez en sagesse, en vertu , chaque jour.
Accourons près, etc.

Vous tous, plongés dans la tristesse ,
Venez, je tarirai vos pleurs,
Et, dans un transport d'allégresse,
Vous célébrerez tous ma bonté, mes faveurs.
Accourons près, etc.

Venez surtout, âme souffrante,
J'entends vos soupirs, vos accents ;
Mère toujours compatissante,
Je calme la douleur, je guéris mes enfants.
Accourons près, etc.

Venez, âme tiède, inconstante,
Venez ranimer votre foi ;

Qu'une ardeur nouvelle et constante
Enflamme votre cœur pour mon Fils et pour moi.
    Accourons près, etc.

Vous aussi, pécheurs misérables,
Venez au pied de mon autel,
Déplorer vos excès damnables ;
Je veux vous arracher au supplice éternel.
    Accourons près, etc.

Venez tous, justes et coupables,
Jeunes et vieux, petits et grands,
Forts, faibles, riches, misérables,
Venez, empressez-vous : vous êtes mes enfants.
    Accourons près, etc.

Chant nouveau sur le *Memorare* commenté.

Air : Magister cum discipulis, ou sur toute autre Hymne de même
mesure.

Souvenez-vous, reine des cieux,
Que le mortel dans tous les lieux,
Priant devant vous prosterné,
Ne fut jamais abandonné.

Souvenez-vous, mère d'amour,
Que vos serviteurs, chaque jour,
Chantent dans le plus doux accord,
Que votre cœur est leur trésor.

Souvenez-vous que notre espoir,
Est dans votre divin pouvoir ;
Vous régnez sur tout l'univers,
Devant vous tremblent les enfers.

Souvenez-vous que le pécheur,
Vous invoquant dans son malheur,
Brise ses fers, brave la mort,
Vole en paix au céleste port.

Souvenez-vous qu'un grand péril
Nous menace dans cet exil ;
Terrassez l'esprit tentateur,
Et donnez la palme au vainqueur.

Souvenez-vous que les mortels,
Courbés aux pieds de vos autels,
Vous donnent leur cœur sans retour,
L'amour se consacre à l'amour.

Souvenez-vous de vos enfants ;
Tendre mère, agréez nos chants,
Ornez nos cœurs de vos vertus,
Placez-nous au rang des élus.

Rendons un culte solennel
A la fille de l'Eternel,
A la mère de Jésus-Christ,
A l'épouse du Saint-Esprit.

———

CANTIQUE

Pour exciter à la confiance envers Marie.

UNE SEULE VOIX.

Vous qu'en ces lieux combla de ses bienfaits
Une mère auguste et chérie,
Enfants de Dieu, que vos chants à jamais,
Exaltent le nom de Marie. *(bis.)*

Je vois monter tous les vœux des mortels
Vers le trône de sa clémence,
Tout à sa gloire élève des autels,
Des mains de la reconnaissance.

TOUS.

Nous qu'en ces lieux combla de ses bienfaits
Une mère auguste et chérie,
Enfants de Dieu, que nos chants à jamais,
Exaltent le nom de Marie. *(bis.)*

Heureux celui qui, dès ses premiers ans,
Se fit un bonheur de lui plaire !
Heureux ceux qu'elle adopta pour enfants !
La reine des cieux est leur mère. *(bis.)*
    Nous qu'en ces lieux, etc.

Vos fronts, pécheurs, pàlissent, abattus
A l'aspect du souverain Juge ;
Ah ! si Marie est reine des vertus,
Des pécheurs elle est le refuge. *(bis.)*
    Nous qu'en ces lieux, etc.

A son autel, venez, enfants chéris,
Savourer de saintes délices ;
Conservez-lui vos cœurs et vos esprits.
Elle en mérite les prémices. *(bis.)*
    Nous qu'en ces lieux, etc.

Temple divin, ô asile béni,
Faut-il donc quitter ton enceinte ?
Faut-il aller de ce monde ennemi
Braver la meurtrière atteinte ? *(bis.)*
    Nous qu'en ces lieux, etc.

CANTIQUE.

Imitation du *Salve, Regina*.

Air : Sainte cité, etc.

Je vous salue, auguste et sainte reine
Dont la beauté ravit les immortels ;
Mère de grâce, aimable souveraine,
Je me prosterne aux pieds de vos autels.

REFRAIN.

Votre clémence,
Reine des cieux,
Rend l'innocence
Aux pécheurs malheureux.

Je vous salue, ô divine Marie !
Vous méritez l'hommage de nos cœurs :
Après Jésus, vous êtes et la vie
Et le refuge et l'espoir des pécheurs.
    Votre clémence, etc.

Fils malheureux d'une coupable mère,
Bannis du ciel, les yeux baignés de pleurs ;
Nous vous faisons, de ce lieu de misère,
Par nos soupirs, comprendre nos douleurs.
    Votre clémence, etc.

Ecoutez-nous, puissante protectrice ;
Tournez sur nous vos yeux compatissants ;
Et faites voir qu'à nos malheurs propice,
Du haut des cieux vous aimez vos enfants.
    Votre clémence, etc.

O douce, ô tendre, ô pieuse Marie !
Vous dont Jésus, mon Dieu, reçut le jour ;
Faites qu'après l'exil de cette vie,
Nous la voyions dans l'éternel séjour.

Votre clémence,
Reine des cieux,
Rend l'innocence
Aux pécheurs malheureux.

Cantique à la Vierge.

TRADUIT DE L'HYMNE DE SAINT CASIMIR,

Omni die dic Mariæ.

Unis aux doux concerts des anges,
Aimable reine des cieux,
Nous célébrons vos louanges
Par nos chants mélodieux.

REFRAIN.

De Marie
Qu'on publie
Et la gloire et les grandeurs ;
Qu'on l'honore,
Qu'on l'implore,
Qu'elle règne dans nos cœurs.

C'est l'auguste et sainte mère
Que le Dieu de majesté
Inonda de sa lumière,
Embellit de sa beauté.
De Marie, etc.

C'est la Vierge incomparable,
Gloire et salut d'Israël,
Qui, pour un monde coupable,
Fléchit le courroux du Ciel.
        De Marie, etc.

Pour tout dire, c'est Marie :
En ce nom que de douceur !
Nom d'une mère chérie,
Nom, doux espoir du pécheur.
        De Marie, etc.

Ah ! vous seul pouvez le dire,
Mortels qui l'avez goûté,
Combien doux est son empire,
Combien grande est sa bonté.
        De Marie, etc.

Vous qui d'un monde perfide
Craignez les puissants appas,
Si Marie est votre guide,
Non, vous ne périrez pas.
        De Marie, etc.

En vain l'enfer en furie
Frémirait autour de vous :
Si vous invoquez Marie,
Vous braverez tous ses coups.
        De Marie, etc.

Oui, je veux, ô tendre mère !
Jusqu'à mon dernier soupir,
Et vous servir et vous plaire,
Et pour vous vivre et mourir.
        De Marie, etc.

Hommage de respect, de confiance et d'amour à Jésus, Marie, Joseph.

Pour arriver au cœur de l'aimable Jésus,
Je veux être guidé par la Vierge Marie,
Et par son digne époux, le juste saint Joseph.
Exaltons à jamais la famille chérie.   *bis.*

Voulant uniquement penser, plaire à Jésus,
Je porterai souvent mes regards vers Marie,
Et vers son gardien, le céleste Joseph.
Exaltons à jamais la famille chérie.   *bis.*

Mes désirs, mes transports, seront tous pour Jésus,
Mes vœux, mes chants, mes pas, seront tous pour Marie
Et pour son digne appui, le fidèle Joseph.
Exaltons à jamais la famille chérie.   *bis.*

Je veux brûler d'amour jour et nuit pour Jésus ;
Je veux aimer encore et sa mère Marie,
Et son père chéri, l'aimable et doux Joseph.
Exaltons à jamais la famille chérie.   *bis.*

Mon doux refrain d'amour sera vive Jésus !
Vive et règne à jamais la divine Marie !
Vive aussi dans mon cœur avec eux saint Joseph !
Exaltons à jamais la famille chérie.   *bis.*

Je trouve mon appui dans le nom de Jésus,
La vie et la douceur dans le nom de Marie,
La paix et les vertus dans celui de Joseph.
Exaltons à jamais la famille chérie.   *bis.*

A l'aspect du péril, je fuirai vers Jésus ;
Mon asile sera dans le cœur de Marie,
J'aurai recours encore au crédit de Joseph.
Exaltons à jamais la famille chérie.   *bis.*

Pour remède à mes maux, je ne veux que Jésus,
Et pour me consoler je ne veux que Marie,
Avec son protecteur, le puissant saint Joseph.
Exaltons à jamais la famille chérie. *bis.*

Oh ! combien il est doux d'espérer en Jésus,
En sa mère, en tout temps, la divine Marie !
Mais qu'il est doux aussi d'espérer en Joseph !
Exaltons à jamais la famille chérie. *bis.*

Heureux celui qui vit dans l'amour de Jésus,
Il est le bienaimé de la vierge Marie,
L'enfant toujours chéri du bienheureux Joseph.
Exaltons à jamais la famille chérie. *bis.*

A mon dernier moment, j'appellerai Jésus,
La mort m'endormira dans les bras de Marie,
Et dans le doux baiser de l'aimable Joseph.
Exaltons à jamais la famille chérie. *bis.*

Qu'il est doux de régner au ciel avec Jésus !
Qu'il est doux de chanter les grandeurs de Marie !
Les titres glorieux de l'illustre Joseph !
Exaltons à jamais la famille chérie. *bis.*

Ainsi soit-il.

———◆———

A Marie.

Ma divine Mère, toujours veillez sur moi,
Mon auguste Reine, toujours commandez-moi,
Ma douce Lumière, toujours éclairez-moi,
Ma sage Directrice, toujours conduisez-moi,
Ma tendre Consolatrice, toujours soulagez-moi,
Ma grande Bienfaitrice, toujours enrichissez-moi,
Ma puissante Protectrice, toujours bénissez-moi,
Ma céleste Demeure, toujours renfermez-moi ;
Et que dans votre Cœur reposant nuit et jour,
Le mien vous soit uni par un lien d'amour.

TABLE.